21天

高效学习力

王　轩◎主编

黑龙江科学技术出版社
HEILONGJIANG SCIENCE AND TECHNOLOGY PRESS

图书在版编目（CIP）数据

21 天高效学习力 / 王轩主编. -- 哈尔滨 : 黑龙江科学技术出版社, 2025. 4. -- ISBN 978-7-5719-2754-7

Ⅰ. G442

中国国家版本馆 CIP 数据核字第 20255FX365 号

21 天高效学习力

21TIAN GAOXIAO XUEXI LI

王 轩 主编

责任编辑	孔 璐
插 画	上上设计
排 版	文贤阁
出 版	黑龙江科学技术出版社
	地址：哈尔滨市南岗区公安街 70-2 号 邮编：150007
	电话：（0451）53642106 传真：（0451）53642143
	网址：www.lkcbs.cn
发 行	全国新华书店
印 刷	天津泰宇印务有限公司
开 本	710 mm×1000 mm 1/16
印 张	7.5
字 数	59 千字
版 次	2025 年 4 月第 1 版
印 次	2025 年 4 月第 1 次印刷
书 号	ISBN 978-7-5719-2754-7
定 价	49.80 元

前言

不知道怎么预习，语文生字这边记了那边忘记，不知道怎么审数学题，英语单词总也记不牢……这样的问题你是不是也经常遇到？我们到底是在哪个环节出了问题呢？

在同一个教室里，面对同样的老师，花费相同的时间，但是有的同学学习好、进步快，这是为什么呢？

难道是因为自己太笨？其实，没有天生的笨学生，只有笨的学习方法。只要掌握高效学习法，你也能轻松提高学习成绩。

为了让大家全面系统地掌握高效学习法，我们编写了这本《21 天高效学习力》，书中结合孩子在学习过程中遇到的语文、数学、英语和考试等问题，先以小场景引出问题，再有针对性地介绍一些实用、高效的学习方法，最后再给出具体的学习技巧。不论你是在学习新知识的过程中，还是在巩固复习的阶段；不论你是学习具体的学科知识，还是提高自身的学习能力，本书都能给你帮助，激发你的学习兴趣，帮你提高学习效率。

希望这本书能让大家树立正确的学习观念，全面掌握学习学科知识的方法，最终养成高效学习的习惯。希望大家在学习的过程中，真正把高效学习法贯穿始终，不断取得进步，从此学习更轻松、更高效，学习成绩越来越好。

目录

目录

第3章 攻克英语大难关

第4章 应对考试有方法

21天
高效学习力

第1章

学好语文有妙招

学习语文，不盲目

新学期刚开始，小雨就开始制订学习语文的计划了。以前他也这么做，但往往坚持不下来，很多计划都没有完成。这次他应该怎样制订计划呢？

一个好的学习计划，可以让我们有学习目标，还能帮我们合理分配时间。语文是一个需要积累的学科，功夫在平时，考试前搞突击是很难取得好成绩的，所以制订语文学习计划就尤为重要。像小雨那样有计划但没有落实的情况，我们也经常经历，那么，我们要怎么做才能将计划落实到具体行动中呢？

首先，既要制订长远计划，也要制订短期计划。长远计划可以让我们在总体目标上避免走弯路；短期计划可以让我们达到阶段性的目标，获得阶段性的胜利，激励我们不断前进。比如，制订学期计划，月计划和周计划，甚至日计划。

其次，制订的计划要切实可行。在制订计划的时候，一定要结合自身情况，制订切实可行、难度适中的计划。目标不能太高，否则总是达不到目标，挫败太多了，积极性也会被消磨殆尽。但制订的计划也不能太简单，太简单的计划会让我们一直处在舒适区，不能督促我们前进。

再次，要把目标化作行动。与制订目标相比，把目标付诸行动要难得多。如果不把目标化为行动，那么我们制定的目标就毫无意义了。我们可以白天按照计划表完成任务，晚上检查并总结一下目标的达成情况，这样就能很好地把计划执行下去。

最后，要根据情况灵活调整计划。俗话说“计划没变化快”，我们制订的计划一般都过于理想，但实际学习情况会经常发生变化，这个时候要根据需要及时调整计划，让计划助力我们的学习。

高效学习法

我的作文学习计划

制订学习计划表能让我们的学习明确高效，因此，我们可以拟订一个包含整个学期长远计划和短期计划的学习计划表，也可以制作针对某个知识板块的学习计划表。如果我们的作文水平有待提高，那么就可以制订一个作文学习计划表。

实例如下：

我的作文学习计划表

学期计划	写 20 篇作文练习，其中投稿 6 篇		完成情况
第一周计划： 1. 写一篇描写人的记叙文。 2. 背 10 个成语。 3. 读优秀范文，摘抄好词好句好段并背诵。	周一	1. 确定要写的作文的题目。 2. 背两个成语，并把成语的意思和例句抄在笔记本中。 3. 读两篇优秀范文，把范文中的好词好句好段抄在笔记本中。	
	周二	……	
	周三	……	
	周四	……	
	周五	……	
第二周计划：	周一	……	
	周二	……	
	……	……	

用好工具书

小牛的语文成绩非常好，尤其是在字词以及文言文方面，只要你问他就没有答不上来的。同学们都很崇拜他，问他是如何做到的，他的回答是要用好工具书。

在学习过程中遇到的问题，很少能在课堂上完全解决了，课下也很难做到随时问老师。像小牛这样学习成绩好的学生，其实都是自学的高手，学习中他们必不可少的就是工具书。无论是字还是词，只要翻开工具书，我们就能得到一个满意的答案。那么，我们该如何用好工具书呢？

一是选好工具书。现在的工具书非常多，要根据老师的推荐，选择权威版本和最新版本，保证自己使用的工具书是正确可靠的。

二是尝试着背一下字词典。这里所说的背诵字词典，并不是按部就班地背诵，而是背诵那些课文中经常出现的字词以及我们比较感兴趣的字词。比如，成语有四字的、五字的、八字的，我们可以挑选一些来记；还有一些成语来自典故，我们也可以挑出来记忆。

三是查询并抄录。无论是课内阅读还是课外阅读，遇到不懂的字词都应使用工具书查找，并把查到的注音、字义、词义记在页面的空白处。要想在以后经常翻看，还可以把这些字词记在读书笔记中，做成一个工具书摘抄本。

四是相关词语一起抄。我们用工具书查找字词的时候，也可以把该词语的近义词和反义词一并查出来，弄清楚它们的意思和用法，这样可以加深我们对这个词的理解和记忆，还可以扩大自己的词汇量。

五是养成使用工具书的好习惯。自己不懂的字词要查，课本中有注释，但仍不是很懂的字词也要查。因为工具书比课本解释得更加全面，养成经常查工具书的习惯，我们的收获就会更多。

高效学习法

两种查字典的常规方法

音序查字法

先根据音节的声母（没有声母的音节看第一个字母），再结合“音节表”查这个字。比如，查“问”这个字，就可以先查“W”，然后再查“wèn”，就能查到这个字所在的页码。

部首查字法

先确定要查字的部首，然后数清部首的笔画，再根据笔画数从“部首目录”中找到这个部首，然后数一下除去部首后的部分的笔画数，在“检字表”中找到所要查找的字，最后就可以确定这个字在字典中的位置。例如，“打”字，先查“打”的部首“扌”，“扌”共3画，从“部首目录”三画栏中找到“扌”在“检字表”中的页码，然后从该页“扌”字部中按右面部件“丁”的笔画数找2画的字，找到“打”所在的正文页码，最后按照正文页码就可以查到这个字。

2 Day

扩大知识储备

小丹一写作文就犯愁，而邻桌珊珊的作文写得非常好，课外知识储备也很丰富，周围的同学有什么问题都喜欢问她。珊珊告诉小丹：“你之所以写不出作文，是因为知识积累太少。”

你是不是也像小丹一样，一写作文就犯愁呢？其实，这是知识积累太少的缘故。反观她的同桌珊珊为什么有这么多的知识储备呢？原来珊珊不仅在课堂上注意听讲，课后也喜欢阅读一些课外书，还经常参加一些生活实践活动。

现在我们获取知识的渠道非常多，也十分方便。在选择课外阅读的书时，一定要挑选那些对学习有实际帮助的书。只要我们持之以恒地阅读，我们的知识面就会更加宽广，词汇也会更加丰富。下面，我们来学习几种能让我们快速积累大量知识的方法。

第一种是粗读法。一般来说，对于一些新闻资讯，我们只需要读一读标题，粗略了解一下就可以知道大致的内容。这既节省了时间，也达到了阅读的目的。

第二种是精读法。精读要逐字逐句，慢慢咀嚼，边阅读边思考，提取文字中对我们有用的信息，提高我们分析问题的能力。

第三种是摘录法。我们可以准备一个笔记本，在阅读的过程中，把一些优美的词句记录下来，然后每天反复阅读，久而久之就能把这些知识记住。

高效学习法

涂涂画画读书法

在读书的时候“涂涂画画”，能增强读书的效果。

①标序号。在段落前标序号，可以了解这篇文章由多少个段落组成。②圈生字词。把阅读过程中遇到的生字词用笔圈画出来，方便后面查字典。③画横线。对于优美的词句可以用笔画出来，方便记忆。也可以换一种颜色的笔，把难理解的内容画出来并标上问号。

有感情地朗读课文

老师让菲菲有感情地为大家朗读一下课文，这下可把菲菲难住了。她读得不是快就是慢，声音不是高就是低，很难在朗读的过程中注入个人情感，显得十分机械生硬。

有感情地朗读课文可以帮助我们理解文意，但它对朗读者的要求也比较高。菲菲就是不懂得如何有感情地朗读课文。那么，我们该如何掌握有感情地朗读课文的技巧呢？

首先，消除课文中的生字词障碍。先借助工具书，把课文中生字词的读音和字义弄明白，这样在朗读的时候，就不会因为有不认识的字而影响朗读节奏。

其次，正确朗读。朗读的时候，不仅要读正确字音，而且不能有多字、漏字的情况发生。

再次，流利地朗读。朗读的时候，语速不能太快也不能太慢，吐字要清晰，在需要停顿的时候要做适当的停顿，语调也要根据内容的不同有轻重变化。

最后，有感情地朗读。要想准确而有感情地朗读，还需要了解一下文章的创作背景，知道作者写这篇文章想要表达的情感，怀着与其对应的情感朗读，可以产生更生动的情感表达效果。

高效学习法

读给他人听

朗读是学习中的重要组成部分，掌握朗读的技巧，对于我们的语文学习有很大的帮助。我们可以挑选一些自己喜欢的文章反复练习，有感情地朗读，等到我们练习得差不多了，可以朗读给同学、爸爸妈妈、爷爷奶奶听，让他们来帮助我们找到朗读中的问题。另外，有感情地给他人朗读课文，还可以受到他人的鼓励，让自己更有学习朗读的动力。

生字词障碍要扫除

一提到生字词，亮亮就发蒙。他觉得要学习的生字词太多了，新的字词还没学会，旧的字词又忘了。每次老师让他默写生字词，他总是有很多不会写。

小学语文学习的第一步就是扫清生字词的障碍。如果遇到的生字词太多，阅读课文就会困难重重，更别提理解课文内容了。你有和亮亮同样的烦恼吗？要记的生字词很多，记不住、易记混，哪些方法能让我们快速记住生字词呢？下面我们就来介绍几种有趣且实用的方法。

一是猜词法。在阅读过程中，遇到不认识的字词，不要急于翻字典，我们可以根据文意猜猜它的意思，这样不仅能提高阅读速度，还能使我们的理解能力在实践中得到锻炼和提高。

二是谜语记忆法。有些汉字虽然笔画比较多，但有一定的规律，根据汉字的字形特点，再配合上字谜，无论多么难的字，通过这种有趣的方式都能牢牢记住。比如，王大娘、白大娘，并排坐在石头上，猜一个字。那么，这个字谜的谜底很容易就能被猜到是“碧”。

三是故事记忆法。比起枯燥的汉字，小学生更喜欢听故事。根据生字词的特点编一个小故事，这样不仅锻炼了语言表达能力，生字词也会被深深地印在脑海里。

四是拆分记忆法。对于笔画较多的字，我们可以把它拆分成几个单独的字来记忆。如“赢”字的笔画比较多，我们就可以把它拆分为“亡”“口”“月”“贝”“凡”来记忆。

五是比较记忆法。有很多字的字形很相似，容易记混，这个时候可以用比较记忆法来记忆，如“戌”“戍”“戊”这 3 个字十分相似，就可以对它们进行对比，找出它们的相同点和不同点，再结合字义进行记忆。

高效学习法

趣味记生字词

机械地记忆生字词是枯燥乏味的，也很难记得住。但如果把记忆生字词融进生活和游戏中，趣味就会多很多，记忆生字词也不再是令人头疼的事情了。

你演我猜

课间或者放学后，几个同学可以玩“你演我猜”的游戏。一个同学用动作表演词语或成语，让另一个同学来猜。猜对了有奖励，猜错了有惩罚。

编顺口溜

根据汉字的字形或者字义编顺口溜，可以辅助自己记忆，也可以把它当作一项技能考验同学。比如，通过“包”字的顺口溜“有水冒气泡，有足就能跑，有火放鞭炮”就可以把“泡、跑、炮”这三个字顺利记住。

巧用在生活中

可以把刚学会的生字词用在生活中。比如，夸人聪明，就可以用“足智多谋”；夸人好看，就用“沉鱼落雁”；夸人诚实，就用“言而有信”。

学习成语方法多

跳跳知道的成语特别多，他经常在日常交谈中运用成语，同学们都叫他“成语大王”。飞飞非常羡慕跳跳，也想多学点成语。

成语是中华词库的精髓，它们是一种高度凝练的固定短语。成语来自古代的经典著作、历史典故或者民间故事，有着非常丰厚的文化内涵，无论是在工作中还是在学习中，它们的使用频率都非常高。像跳跳那样，把成语运用在日常的交谈中，能给自己的语言增添不少色彩。那么，该如何学习成语呢？下面我们来介绍一些学习成语的好方法。

首先，结合成语故事去学习。单独记忆成语的含义是枯燥乏味的，也很难记住。成语跟其他词语不同，一般的成语都有出处和来历，有的甚至有故事。结合成语故事记成语，一方面能知道这个成语是如何形成的，另一方面也使学习的过程变得有趣，激发我们学习成语的积极性。比如，守株待兔、叶公好龙、掩耳盗铃等成语都来自很有趣的成语故事。

其次，把成语放到具体语境中去学习。在阅读过程中，如果我们遇到了一些成语，不必急于查阅词典，可根据上下文来推断成语的含义。如果实在理解不了，再去查词典。

再次，要经常使用成语。学习成语的目的就是使用成语，经常有意识地锻炼自己使用成语的能力，不仅能帮助我们熟练地掌握成语，还能使我们的语言表达更具感染力。

最后，学习成语的方法要灵活。要快速熟练地掌握成语，可以经常用成语造句，也可以制作成语卡片，让爸爸妈妈通过卡片来考查我们学习成语的具体情况，还可以做与成语相关的小游戏，如“我画你猜”“成语接龙”等。

高效学习法

成语接龙法记成语

要想使成语的学习更加有趣且有动力，不妨采用成语接龙法。

“成语接龙”是一个竞争性的游戏，它有着严格的规定。一般情况下，采用成语字头与字尾相连、不断延伸的方法进行接龙。在玩这个游戏时，应注意以下几点。

一是在成语接龙中，第一个成语的首字被称为龙头字，首尾相接的这个字叫作关节字。

二是严格规则下，前一个成语的尾字与下一个成语的首字必须为同一个字。

三是在同一龙头字下的成语不得有重复。

四是所选用的成语必须是一般成语词典上能查到的。

范例

马到功成	→	成千上万	→	万事如意	→	意味深长
						↓
死而后生	←	出生入死	←	入不敷出	←	长驱直入
↓						
生龙活虎	→	虎虎生威	→	威风八面	→	面目全非
						↓
势均力敌	←	虚张声势	←	故弄玄虚	←	非亲非故

读懂古诗词

小江觉得古诗词中的字虽然很少，但理解起来非常吃力。他向老师寻求帮助，老师告诉了他一些学习古诗词的方法，小江很快就掌握了所学的古诗词。

古诗词是一种高度凝练的语言形式，不反复读，很难理解它的含义。你是否也像小江那样很难理解古诗词？那么，我们应该如何读懂古诗词呢？

首先，对诗词的标题进行分析。诗词的标题一般会包括写作对象、写作重点或感情基调。如《赠汪伦》《赠刘景文》，从标题就可以知道是送别诗，诗词的写作对象也在诗的标题中体现出来了。

其次，读注释和译文。古诗词仅仅阅读一两遍是很难理解的，这个时候我们就要看一下诗词的注释和译文。注释一般会交代诗词的创作背景，解释难懂的字词，而译文是把整首诗由文言形式转化为白话文。当我们读完译文，然后再结合注释，那么诗词的大概内容就应该了解了。

再次，分析诗词。扫清了诗词的阅读障碍之后，我们还要对诗词进行深入的分析。不仅要分析诗词的体裁，运用了什么表现手法，有无关键字等；还要分析诗词表现的艺术形象，归纳诗人想要表现的主旨。

最后，背诵古诗词。要想牢牢掌握古诗词，我们还要把它背下来。这时就要从简单到复杂，培养自己背诵古诗词的兴趣，养成背诵古诗词的习惯。

高效学习法

分类联想法背古诗词

背诵古诗词，不能机械记忆，一定要掌握正确的方法，最基本的是要在理解的基础上进行背诵。另外，我们可以对古诗词进行分类，再根据诗词之间的相关性进行联想记忆。比如，我们可以对有关“花”的诗句进行分类，然后去记忆。如“夜来风雨声，花落知多少”“春去花还在，人来鸟不惊”等。

文言文可以这样背

小云最近正在学习文言文，这是新接触的知识。文言文读起来很拗口，也不容易理解，背起来就更困难了。小云不知道该怎么背诵文言文。

对于小学生来说，文言文是一个很难的知识点，大部分小学生应该都遇到过小云的这种情况。文言文的篇幅比诗词的篇幅更长，句子长短不一，没有什么规律可循，单靠死记硬背，不仅耗费大量的时间和精力，而且很难记准确。

针对文言文中的生字词和难以理解的句段，一方面我们可以通过教材的注释来理解，另一方面也可以借助工具书扫清阅读的障碍。理解文言文之后，就可以背诵文言文了，下面我们就介绍几种背诵文言文的方法。

一是抓关键词法。有些文言文虽然篇幅较长，但是依然有很明显的规律，这种规律就是文言文中的关键词语。在背诵的过程中，记住这几个关键词，再通过联想将这些关键词串联起来，基本上就能记住这篇文章了。

二是顺序背诵法。文言文的写作都有一定的规律，比如，时间顺序、空间顺序以及逻辑顺序等。按照文言文的写作顺序来梳理文章的思路，可以让背诵有规律可循。比如，《两小儿辩日》主要围绕太阳什么时候离人近、什么时候离人远的问题进行辩论。

三是翻译背诵法。白话文比文言文更容易理解。直接背诵文言文难度很大，如果把文言文译成白话文，先把白话文背好，然后再根据白话文的提示去背诵文言文就容易得多。

四是线索背诵法。文言文的体裁各不相同，有记叙文，也有议论文等，找到贯穿全篇的线索，对于我们快速记忆会有很大的帮助。

五是刚背会的文言文，要及时复习巩固，多背诵几遍，加强记忆，只有这样我们才能记得更加牢固。

限时背诵法

以上介绍的方法只对特定的文言文有效，但还有很多文言文没有什么规律可言，那用什么方法比较合适呢？

限时背诵法，就是在规定的时间内快速背诵要背的内容。这种方法适用于所有类型的文言文，可以让我们的精神高度集中，时间的紧迫性会增强记忆的效果。可以不断挑战自己背诵完全篇所用的最短时间，用时越少，则表明记得越牢。

抄诵法

俗话说：“抄一遍胜过读十遍。”针对要求背诵的文言文，我们在背诵之前可以先抄写几遍。具体的抄写方法是：开始是看一句抄一句，熟练之后就可以看几句抄几句，接着看一段抄一段，直到最后能完全不用看书就可以默写完。

在抄写的时间间隔内可以读几遍，读完再抄，抄完再读，反反复复，就能把要背的文言文记牢固。

学会积累作文素材

萱萱写作文时，不但词语匮乏，而且还感觉没什么可写的。妈妈建议她建立一个素材库，这样就不会“巧妇难为无米之炊”啦！

很多同学平时不注重积累作文素材，等到写作文的时候就像挤牙膏一样慢吞吞的，写不出来什么东西。其实，古今中外的很多作家都有自己的素材库，这样就不会缺少写作的素材了。那么我们该如何建立自己的素材库呢？

一是从生活中积累素材。无论是家庭还是学校，或者社会，每天都会发生无数件事，其中有些事情就可以作为素材用在作文中。我们可以把在生活中看到的、听到的事记录下来，也可以记录发生在我们自己身上的事。

二是通过新闻媒体积累素材。我们不但可以通过阅读图书积累素材，还可以通过看电视、电影等积累素材。比如电视新闻中的感人事迹、奇闻怪谈等。

三是通过观察、感知发现素材。无论是我们碰到的人，还是遇到的风景，或者做过的实验，只要我们认真观察，都可以写成观察日记，作为以后的作文素材。

四是利用网络收集素材。现在的网络很发达，从网络上搜索可以获得很多素材，我们要善用网络。

除了收集素材，我们还要把素材记下来，这样考试时才能用上。我们可以把素材按主题分门别类记在本子里，经常拿出来看一看。

只要留心，日积月累，我们的素材库就会越来越丰富，写作时也就有话可说、有事可写啦！

高效学习法

“压缩饼干”法记素材

我们每天要记的知识那么多，怎样将收集到的素材记住呢？试试用“压缩饼干”法记素材吧！我们可以将庞大的素材压缩成几个词组，等到使用的时候，用“开水”一泡，然后增删修剪，就是好材料啦！比如下面一段话：

伟大的古希腊哲学家苏格拉底有一次带着学生来到麦田，他让学生在麦田中摘一个最大最金黄的麦穗，但只能摘一次，并且不准走回头路。结果学生两手空空走出麦田，因为他每次见到又大又金黄的麦穗，觉得是最好的而想摘下时，又总觉得前面会有更好的，所以没有摘。然而走到前面时，又发觉还不如之前见到的好。所以麦田里最大最金黄的麦穗，早就错过了。

我们可以将这段材料压缩成“苏格拉底、麦田、最大最金黄、两手空空、错过”几个词组，然后将它记住。

训练写作文的想象力

小宇写的作文经常充满奇思妙想，比如他的比喻，经常让人拍案叫绝，特别有吸引力。同学们纷纷向他请教是怎么做到的，他说要提高想象力。

同学们，如果我们写作文时都“老老实实”的，不加任何想象，那文章就会比较平淡。而如果我们在写作时，像小宇那样，展开合理的想象，则可以让文章生动、有趣，富有想象力，光彩照人。所以，我们平时要注意培养自己的想象力。那应该怎么做呢？

一是要丰富生活经验和知识积累。想象并不能脱离现实而无中生有，所以，我们平时要多接触人群，多多观察社会和自然，积累生活经验。同时也要博览群书，增长科学知识。另外，不同类型的书也可以让我们了解到各种各样的人物、动物、事件等，激发我们的想象力。

二是要多做联想训练。比如，一棵树青葱茂盛，我们可以将其想象成一个富有生命力的青壮年。狂风暴雨时，它剧烈摆动的样子，像不像在生活中挣扎的人呢？秋天来了，它的叶子开始发黄、枯萎，像不像人垂头丧气的样子？用这种方法对身边的事物进行联想，可以激活我们的形象思维。

三是要勤于设疑。牛顿见了苹果落地而产生“苹果为什么不向上跑而向下落”的问题，由此触发想象力，最终发现了万有引力。所以，我们观察事物时也要多问为什么，激发思考和想象力，这样写作时就会放得开，写得透。

四是要敢于巧思创新。我们可以尝试着去想象一些奇怪的场景、发明一些奇怪的物品，等等，这样可以让我们跳出常规思维，使想象力得到锻炼。

高效学习法

练笔提高想象力

练习写作是提高想象力的重要方法之一，具体如何做呢？试试下面的操作方法吧！

1 扩写课文、续写课文

比如，《鸟的天堂》里有这样一句话：“一只画眉飞了出来，被我们的掌声一吓，又飞进了叶丛，站在一根小枝上兴奋地叫着，那歌声真好听。”我们知道那里既然是鸟的天堂，自然也会有很多别的鸟类，所以我们可以展开想象，续写出作者省略的其他鸟类。

2 把写作与画画结合起来

我们可以通过画画来表现自己的想象力，然后用写作来描述画面中的场景和事物。

3 巧用课文插图开展练笔

例如，课文《乡下人家》中有这样一句话：“或是瞧见耸着尾巴的雄鸡，在场地上大踏步地走来走去。”再看看课文中的插画，其中还有飞鸟，我们就可以展开想象，并学习文中的写作手法，写出自己的句子：“会看见张开翅膀的鸟儿，在屋顶上空自在地飞来飞去。”

6 Day

给作文取个好标题

浩浩的作文写得好极了，然而标题总是平淡无奇。老师总是为他的好文章没有鲜明独特的标题感到可惜。而他的邻桌鹏鹏写的作文虽然内容一般，标题却总是很吸引人。

同学们，每个人看一篇文章时，最开始看的就是标题。如果标题取得好，让人眼前一亮，就能够迅速激发读者的好奇心。那么，怎样像鹏鹏一样给作文取个好标题呢？

一是标题要准确。作文的“题”与“文”要相符，使作文标题能够准确反映出文章的内容。

二是标题要新颖，引人入胜，能够让阅读者因为标题而继续读下去。比如，同样是写热爱家乡的作文，“千年瓷都——景德镇”就比“我爱景德镇”更形象生动。

三是要具体，不能太空泛。比如同样是表达亲情这一主题的文章，“我爱我家”就比“亲情”更加具体。

四是要简洁精练。作文标题应言简意赅，既具有高度的概括性，又能给人留下无限的想象空间。

五是要靓丽。作文的标题应具有审美价值，有文学韵味，这样就会让人觉得不俗气，有意蕴。

高效学习法

让标题“靓”起来的方法

巧点化

我们可以对歌曲名、古诗句等进行适当点化，如套装、借用、仿造等，之后把点化后的词句作为文章的题目。

新视角

我们需要克服思维定式，逆向思考，拟出让人耳目一新的标题。如“想做个坏孩子”等。

用修辞

我们可以灵活运用修辞手法来给标题润色，起到形象生动、新颖含蓄的作用。如“铅笔的自述”等。

让作文语言流畅

燕燕每次写完作文进行通读时，总觉得读起来有些生硬、晦涩，不像课本上那些课文，读起来特别流畅。爸爸说可以学一些方法来避免这种情况。

同学们，好文章的语言应该是流畅的，而不是疙疙瘩瘩的。我们写作文时，一定要注意锤炼语言，让作文语言通顺流畅，有一定的可读性。怎样才能做到语言流畅呢？

一是语言要规范。在写作中，为了使语言规范，我们要注意词语的感情色彩、适用范围，不要使用生僻词语，也不要随意造词。同时我们也要注意句子要完整，且不要出现搭配不当和误用关联词等毛病。还有，在写作时应尽量不用方言俚语，但记叙性文章描写风土人情的部分除外。

二是语言要准确。我们写作时要推敲语言，比如使用词语时，就要选择最贴切、最能恰当地反映客观事物特点、最能增强语言表达效果的词语。比如，“前村深雪里，昨夜一枝开”“春风又绿江南岸”等都是这方面的典范。

三是语言要连贯。写作时，我们要做到：文章句子与句子之间有语言和语气上的联系；每段文字的话题、中心统一；适当使用过渡性语言，比如，“但是”“然而”等，段落之间也可以安排句子来承上启下，避免文章太过“跳跃”。

高效学习法

过渡写法

写作时，我们可在句子中使用关联词如“不仅……而且……”或序数词“第一、第二、第三……”等来过渡；也可在句子间安排一个句子过渡，体现句子间的关系；如果文章前后内容变化大，可在段落与段落之间加上一两句话或者一段话来过渡；我们也可以给文章各部分取一个小标题，加强文章的层次感；还可以通过一两句设问，引导读者继续往下深读。

第2章

数学思维训练营

学数学要举一反三

弘弘学习很认真，可是他遇到问题经常不知道怎么办。比如，今天老师在课上讲的例题他感觉听懂了，可是做题时，发现题目跟例题不一样，就不会做了。

很多同学学习数学时跟弘弘一样，只会做例题，换个场景或数字就不会做了。这是因为他们不懂得举一反三。数学题千变万化，同一种题型可以有许多种形式，学会了举一反三，我们就可以打开思路，获得更多的解题方法，对我们的学习和考试都很有好处。怎样才能做到举一反三呢？

一要打好基础。基础知识和基本技能是解决问题的基础，也是灵活解题必备的前提。所以平时我们要努力掌握好基础知识，夯实基础，对关键概念的理解要准确、透彻，对基本方法要熟练掌握。

二要重视解题方法与过程。我们要适当做些练习，不要仅仅满足于得到答案，还要重视解决问题的方法和过程，进一步想想是否还有其他方法可以解出这道题，多问为什么，想想如果加个条件会有什么新问题等。

三要善于找规律并归纳总结。知识之间总有或远或近、或大或小的联系。我们学习数学要善于寻找规律，善于总结，要能够把新旧知识结合起来。而且如果某一道题有多种解答方法，我们可以把这些方法整理一下，思考这些方法是从哪些角度进行解答的，从而不断积累。

高效学习法

用例题做举一反三的练习

把例题换一换内容。比如，例题“西宁到拉萨的铁路全长 1956 千米，中间经过格尔木，其中西宁到格尔木的铁路长 814 千米。格尔木到拉萨的铁路长多少千米？”可转变成“李庄到张庄全程 10 千米，其中途经王庄，李庄到王庄 4 千米。王庄到张庄多少千米？”

把例题换一个问法。比如，原问题是“甲比乙多多少”，可以改成“乙比甲少多少”等。

同样的题目换一个解题方法。做完之后，多想想别的方法。

牢记概念和公式

兰兰每次做数学作业的时候，总是想不起一些概念，有时候好不容易有了思路，却又记不起公式。爸爸说，记概念和公式是有技巧的。用了爸爸教的方法，兰兰很快就记住了一些概念和公式，真是神奇！

同学们，要学好数学，就要清楚基本概念，因为基本概念是进行思考的第一步；公式也要记牢，这样用时才能如鱼得水。然而，很多同学跟兰兰一样，原本会背的概念和公式，一到做作业或考试时就忘了。

那么，我们该如何记熟数学概念和公式呢？

一是多看、多读、多想、多写。记忆概念和公式，可以选择一个安静的环境，这样有利于记得更快、更牢。我们可以抓住概念中的关键字词来理解，加强判断性练习，处理好易混淆的概念。而且很多数学概念和公式之间是有联系的，我们可以根据它们之间的区别进行对比记忆。还可以使用联想记忆法，如记忆分数知识点时，我们可以用切蛋糕、分糖果的不同情况来分析知识点。

二是多用。应用概念和公式解决问题的过程也是深入理解并记忆概念和公式的过程。我们可以做与课本相对应的练习题和涉及易混淆概念的练习题。

高效学习法

画知识树记忆数学知识

首先，梳理知识点，如果知识点多，就画层次多、枝杈多的大树；如果知识点少，就画层次少、枝杈少的小树。

然后，给各个知识点分出层次，这样我们理解和背诵时就会更有条理。重要的知识点挂在大树叶上，不太重要的挂在小树叶上。

最后，把相关知识点都体现在知识树上，这样能让我们更全面、系统地认识和背诵知识点。

把例题再做一遍

峰峰的同桌数学学得好极了，做什么题都很轻松，峰峰很羡慕她。峰峰以为她肯定每天放学后做了很多题，谁知同桌却说她只是特别重视课本上的例题而已。

同学们，你是不是像峰峰一样，没有意识到例题的重要性呢？还是以为要想数学好，只能泡在题海里？

其实，要想学好数学，需要抓住方法，掌握例题就很关键。因为课本上的例题和习题是编教材的老师精心挑选出来的，很有代表性。而且，做课本上的例题可以加深我们对概念、公式的理

解。再者，许多试题都是书本上例题和习题的变体。所以，只要我们好好掌握书本中的例题和习题，学好数学就会比较轻松。

怎样掌握例题呢？除了要认真听老师在课堂上对例题的分析与讲解之外，最好的方法就是自己再做一遍。

首先，准备一个练习本。在做作业前我们把例题抄到练习本上，然后合上课本，把例题当成习题先做一遍，有些地方如果想不起来可以看看书；然后再做一遍，直到不看课本也能够顺利做出来为止。

其次，把例题做出来之后，要翻开书进行对比。除了看答案正确与否，我们还要比对自己的解题方法和过程与课本中所讲解的有什么异同，解题时有没有漏掉什么步骤、符号、单位等。

最后，思考、总结。总结一下自己是怎样思考的，这道题目用了什么概念、公式，有什么特点，在什么地方容易出错，解题时应注意什么，等等。

除此之外，我们还可以做做其他具有代表性的题目，如老师讲评试卷时强调的题目等。

高效学习法

这样看数学例题更有效

我们在看数学例题时，需要注意以下几点：

看内涵，掌握方法

我们每看一道题目，不能只记题目不记方法，而是要看实质和内涵，要厘清解题思路，真正掌握解题方法。

看的时候不忘思考

看例题的时候，我们不能只用眼睛看而不思考。我们可以想想该如何做，然后再对照解答看看自己的思路对不对，与书上所讲有哪些相同与不同之处，最后总结经验。

各难度、各层次的例题都要看

对于例题，我们要循序渐进地看，不能只看一些难度较大、技巧性强的例题，有些较为容易的例题也需要看，这样我们才能丰富知识、拓宽思路。

仔细审题要牢记

亮亮做数学题时，总是匆匆忙忙地看一眼题目就开始做，所以经常答非所问。后来亮亮向同桌丽丽学习了一套审题方法，使用之后效果很好，他再也不会因为审题不仔细而做错题了。

每次做完题对答案的时候，你是不是苦恼于“明明这道题我会做的，就是因为审题不仔细而弄错了”，就像亮亮同学一样？审题是解题的一个重要环节，如果粗心大意，则“失之毫厘，谬以千里”，得出的答案自然很难是正确的。所以，我们在审题时不要急于求成，一定要认真、细致，既要看清条件，尤其是隐含条件，也要理解问题。对于一些看似熟悉的题目更要细心，不要因为觉得熟悉就直接做题而忽略一些差异点。那么，我们审题时该注意些什么呢？

第一，要注意“单位”是否统一。

例 1：一个长方形长 2 米，宽 1 米，求它的面积。

例 2：一个长方形长 2 米，宽 1 分米，求它的面积。

例 1 中长宽单位已经统一，而例 2 中需要先统一单位再运算。

第二，注意符号是否看清了。

比如，计算 $440 \div 11 \div 4$ 与 $440 \div 11 \times 4$。

第三，注意“标点”不同。

例 3：一辆客车从甲城到乙城，每小时行驶 50 千米，4 小时正好行驶了全程的 40%，余下的行驶了 6 小时，平均每小时行驶多少千米？

例 4：一辆客车从甲城到乙城，每小时行驶 50 千米，4 小时正好行驶了全程的 40%。余下的行驶了 6 小时，平均每小时行驶多少千米？

例 3 与例 4 只有一个标点符号不同，但所求的问题完全不同。例 3 是求（4+6）小时平均每小时行驶多少千米；而例 4 是求最后 6 小时平均每小时行驶多少千米。

第四，注意“一字”之差。如“剪去 $\frac{1}{2}$”与“剪去 $\frac{1}{2}$ 米”。

高效学习法

这样审题不出错

我们该如何审题呢？大体来说，可以遵从以下步骤。

首先，我们要读题，初步了解题意。

读题是了解题目内容的第一步，是培养审题能力的开始。我们读题时注意力要集中，做到眼到、心到，可以默读。

其次，我们要反复推敲关键句，准确理解题意。

我们可以边审题边给题目做标记，找出关键句、重点词句等，理解其中的真实意图和要求，抓住题目核心，为正确解题铺平道路。

最后，确定答题顺序。

在对题目进行整体观察后，我们要确定答题顺序，先算什么，再算什么，最后算什么。

相信通过以上几个步骤，再加上耐心，我们做题的正确率会提高很多。

9

Day

不要陷于“题海战术”

阳阳买了好多习题集，每天做题的时间满满当当的，午休时间也一直在做题。可是他的数学成绩并不好，而且还感觉很累。老师知道后说，做题不在于多，在于掌握。

同学们，你是不是像阳阳一样，为了学好数学而疯狂做题？其实，虽然学习数学离不开做与练，但是大搞“题海战术”对提高成绩的帮助并不大，不仅浪费时间，还会让人感到枯燥和疲惫。所以，我们做题不要求多，而要注重掌握。那么，该如何做呢？

一是根据自身的学习基础来做题。学习基础差的，可以先做一些基础题，然后再提高难度；学习基础好的，可以做一些提高题、综合题等。

二是多做教材中的例题和习题、不同类型的题、涉及自己薄弱点的题。教材中的例题能清晰地阐述知识点，习题能帮助我们验证是否掌握了学到的知识点，而且无论数学题目怎么变化，都有教材的影子。所以，我们应重视教材中的例题和习题，做到熟练掌握。而且我们应多练习一些题型，从不同的角度去验证我们是否牢牢地掌握了知识点，能否灵活地运用。对于薄弱点，要多花些精力，时不时地去练习，不断弥补、巩固。

三是做题之前要分析。我们做题时不能拿到题就动笔，而要思考分析，看看题目考查的知识点是什么、解题思路和突破口在哪里、该用什么方法解题。

四是做完题后及时总结。我们做完题后要及时总结，发现和改进学习中的不足，梳理、强化解题思路，提高理解能力。

总之，我们不要一本一本没完没了地做题，而是要认真分析、研究和总结，掌握不同的题型和解题思路，做到触类旁通。

高效学习法

这样选择习题，少走弯路

题型要全面，难度要适宜

题目按难易程度可分为基础题、中等题、拔高题；按题型可分为填空题、选择题、判断题、应用题等。我们要想学好数学，应掌握不同题型，所选题目的难易程度要适合自己，可以适当拔高。所以在选择题目的时候，要精挑细选，尽量涵盖各种题型，难度也要适宜。

询问他人

我们可以参考成绩优异的学哥学姐的意见，看看哪些习题集比较好，他们学过了，最懂得哪些习题集最权威、最实用；也可以问问老师。

有针对性地选题

如果我们想攻克薄弱点，则可以把自己平时作业和测试中的易错题型重点做一做。如果我们学习情况比较好，想锻炼思维，可以试试做奥数题。

错题本有大用处

妈妈检查小聪的数学作业时发现，他总是重复做错同一类题目，于是给他准备了错题本，让他好好利用，少犯同类错误。果然，从这之后，小聪经常能从错题中吸取教训，进步很大。

在数学学习中，很多同学跟以前的小聪一样，同一类型的题经常做错，这是因为他们在题目做错后，不去思考错在哪里、为什么错、怎么改正。其实，出错的地方，正是我们学习中最薄弱的地方，把一道错题弄懂了，比做对十道不容易出错的题收获更大。那么怎样弄懂错题，避免同一个错误重犯呢？使用错题本是个很好的选择。让我们来看看具体怎样操作吧！

首先，我们把每次作业、考试、练习中的典型错误和难题写在单独的一个错题本上，并且把错误的答案也写到本子上，且分析错误的原因。

其次，我们要在后面写上正确的答案和解题过程。对于自己不会做的题目，可以等到深入研究课本的有关内容后，把它补做出来，或者向老师、同学请教后做出来。

再次，我们需要根据错误的原因对题目分类，方便以后查找复习。一般来说有以下几种类型：①确实不会做；②审题错误；③计算错误；④解题思路不清晰；⑤知识点不熟悉；⑥粗心马虎。

最后，对于错题本，我们要经常翻看，时常把错题再做一做，尤其是在考试前，要重点看看易错、常错的知识点。

错题可以列成下面形式：

①易错题目：308×102

②错误解答：308×102=308×100+2=30802

③分析原因：对乘法分配律理解运用有误

④正确解答：308×102=308×100+308×2=31416

⑤教训、启示：理解记忆并正确运用乘法分配律A×（B+C）=AB+AC

高效学习法

错题本使用要点

使用错题本时，我们需要掌握几个要点，才能做到物尽其用。

清楚记什么

错题本并不是要把所有的错题都记录下来，而是记典型错题和难题，一般性的错题可以在原来做错题的地方订正错误，不必往错题本上记。

记录要及时

当我们遇到典型错题或难题时，要及时往错题本上记，不要等到已经弄得非常明白了才记录。

错题多解

对于错题，我们还要拓宽思路，争取用不同的方法解题，看看有几种解题方法，要一并写到错题本上。

留出空白

我们写错题的时候要在旁边留出空白位置，方便以后补充相关内容。

数学复习有方法

要期末考试了，婷婷感觉很多知识都忘了，急得不得了。可是菲菲却气定神闲，原来她早就复习好了，将所学的知识都牢牢地记在了脑子里。她是怎么做到的呢？

同学们，你是不是也有这样的烦恼，尽管你每天认真预习，上课认真听讲，按时完成作业，可是过了不久，尤其是快要考试的时候，却发现有很多知识点都很陌生？

其实，这是因为很多同学在学习的过程中没有好好复习，知识没有经过大脑的归纳整理而形成知识体系。所以，在数学学习中，复习也是很重要的。

如果不注重复习，我们新学的东西将会遗忘得非常快。如果我们能及时回顾复习，就可以提升记忆效果，对学过的知识加深理解和记忆，真正掌握所学的知识。

那么，我们该怎样复习数学呢？

首先，我们应“趁热打铁”。在上完课后，我们可以将所学的内容回忆一遍，及时了解自己对课程的掌握程度。然后打开课本和笔记，有针对性地复习一遍，不清楚的地方可以请教他人，直到把不会的都弄懂。放学后，我们可以对照笔记，把重点、疑难点、易错点仔细消化一遍，加深理解记忆，然后再做作业。

其次，复习数学时，我们要注重思考，要学会对所学知识进行分类整理，分析概念间的逻辑关系，形成较完整的知识体系，并运用公式反复解题，达到灵活运用的目的。

最后，复习不需要面面俱到，我们要把精力集中在重点、疑难点上，通过理解记忆掌握知识。

高效学习法

列表格复习法

当我们复习数学知识时，有些知识如定律和公式等，可以做成表格，简单方便，一目了然。例如：

运算定律或性质	
加法	交换律：$a+b=b+a$ 结合律：$(a+b)+c=a+(b+c)$
减法	性质：$a-b-c=a-(b+c)$
乘法	交换律：$a\times b=b\times a$ 结合律：$(a\times b)\times c=a\times(b\times c)$ 分配律：$(a+b)\times c=a\times c+b\times c$
除法	商不变性质：$a\div b=(a\times m)\div(b\times m)=(a\div m)\div(b\div m)$ $(m\neq 0)$
长方形面积	面积＝长 × 宽
平行四边形面积	面积＝底 × 高

小数计算注意“点”

敏敏数学学得很不错，可是一到小数计算就有点犯糊涂，计算时总是出错。经过老师的点拨，小数计算对她而言变得一点都不难了。老师教了她什么方法呢？

同学们，你们是不是也在为小数计算而苦恼呢？有没有觉得数学计算因为小数点而困难了许多呢？其实，只要我们掌握了方法，小数计算一点也不难。在运算过程中，牢记以下几个要点吧！

一是小数点要对齐。在小数运算中，一定要把小数点对齐，只有把小数点对齐了，各个相同的数位才能对齐，计算才能正确。

例如：

$$\begin{array}{r} 3.25 \\ +45.6 \\ \hline \end{array} \quad (\times) \qquad \begin{array}{r} 6.18 \\ +12.83 \\ \hline 19.01 \end{array} \quad (\surd)$$

二是不忘得数中的小数点。很多时候，有许多同学在计算时是把小数点对齐了的，而且计算过程中也没有出现错误，然而最后忘了给得数点上小数点。例如：

$$\begin{array}{r} 84.6 \\ +\ 16.5 \\ \hline 101\ 1 \end{array} \ (\times)$$

三是牢记去“0”或添“0”。在计算小数时，当得数是小数且小数末尾是“0”时，通常要把“0”去掉；如果得数的整数部分一个数都没有，记得要在整数部分及时添“0”。

高效学习法

把小数换成整数再计算

在做小数的乘除法时，我们可以先把小数换成整数（即将小数扩大 10、100、1000、10000 甚至更大的倍数），然后进行运算。最后在得数上加上小数点。

例如：计算 1.35 × 6.2。我们可以先计算 135 × 62=8370，然后因为 1.35 与 6.2 在小数点后面共有三位数，所以在 8370 从右往左数三位加上小数点得 8.370，再把小数点后面末尾的“0”去掉，即可得 1.35 × 6.2=8.37。

让计算快起来

妈妈已经喊杰杰吃晚饭了，可是他还有一些数学作业没做完，尽管他已经做了很长时间了。一问，原来他在运算中遇到了困难，一道题要花很长时间才能算出结果，他也很苦恼。

同学们，你们是不是也常常遇到杰杰这样计算慢吞吞的困扰呢？如果能快速计算，就可以节省我们很多时间。那么，怎样才能提高计算速度呢？显然，这没有捷径可走，需要我们平时练好基本功。这些基本功主要包括以下几个方面。

一是多练习基本口算。首先，我们要

练习 20 以内的加减法，要做到看到算式就能写出得数。同时，我们还要做百以内的乘加、乘减、除加、除减的口算训练，直到很熟练。

二是熟记常用数据。在四则运算中，如果我们牢记一些经常用到的数据，就可以计算得又快又准。例如：$4\times5=20$、$8\times25=200$、$0.5=\frac{1}{2}=50\%$、$0.625=\frac{5}{8}=62.5\%$，还有和为 1 的小数、1 ~ 20 的平方数等。当我们把这些数据记住后，计算就会简便得多了。如计算 $8.23\times0.375+11.77\times\frac{3}{8}=$？就可以写成：

$$8.23\times0.375+11.77\times\frac{3}{8}$$
$$=8.23\times\frac{3}{8}+11.77\times\frac{3}{8}$$
$$=(8.23+11.77)\times\frac{3}{8}=20\times\frac{3}{8}=7.5$$

三是多练习速算的方法。我们在平时计算时，应注意练习一些速算方法。例如：十几乘以十几的速算法的口诀是：“头乘头，尾加尾，尾乘尾。”如 13×12，速算的方法为：$1\times1=1$，$3+2=5$，$3\times2=6$，所以 $13\times12=156$，这样运算，就很快啦。

我们还可以每天做一些计算题，让自己熟能生巧，但千万不能依赖计算器。

高效学习法

一些简便运算方法

在运算过程中，简便运算很重要，要想使计算变得快速、巧妙、正确，就要注意观察，灵活运用拆数、拼数、乘法分配律等，做到化繁为简、化难为易。下面介绍一些简便运算方法。

一、凑整法

凑整法，即有意识地把算式中的数凑成整十整百等好运算的整数，从而达到计算简便、迅速的一种方法。例如：

$0.9+9.9+99.9+999.9+9999.9$

$=(1-0.1)+(10-0.1)+(100-0.1)+(1000-0.1)+(10000-0.1)$

$=1+10+100+1000+10000-0.1\times5$

$=11111-0.5$

$=11110.5$

二、乘法分配律及其逆运用

有时我们可以巧妙运用乘法分配律及其逆运用，使算法简化。例如：

0.35×202

$=0.35\times(200+2)$

$=0.35\times200+0.35\times2$

$=70+0.7$

$=70.7$

应用题的解答方法

做完题对答案时，然然发现自己花了很长时间才做完的5道应用题，居然做错了4道，完全体会不到好朋友梦梦说的在解答应用题的过程中感觉到的自信和快乐。为什么梦梦做应用题那么得心应手呢？

在小学数学中，应用题是个重点。然而很多同学像然然一样，应用题对他们而言简直是一座大山。怎样才能像梦梦一样会做应用题呢？其实，只要我们掌握了分析问题和解决问题的方法，应用题就不难做了。下面我们来学一下吧！

首先抓关键句，找出数量间的关系。

我们在读题目时，需要在理解题意的基础上抓住关键句，把条件和问题找出来，弄清楚数量间的关系。

例如：一个服装厂计划做660套衣服，已经做了5天，平均每天做75套。剩下的要3天做完，平均每天要做多少套？关键句是“剩下的要3天做完，平均每天要做多少套”，对应用题进行缩句为：需做660套，已做5天（每天75套），剩下3天，问剩下的每天做多少。

其次，从问题入手，分析数量关系，寻找解题途径。

应用题的问题即我们解题的目标。以上题为例，问题是“剩下的要3天做完，平均每天要做多少套”，那我们从已知条件里找出“总套数（660套）和已经做好的套数（75×5）”和“剩下的要3天做完”。到此，我们就可以找到解题路径了。

最后，列式解答。有了以上的分析，我们就可以列式解答了。

（1）已经做好的套数：75×5=375（套）；（2）余下的套数：660 — 375=285（套）；（3）余下的平均每天需要做的套数：285÷3=95（套）。

高效学习法

“读题法”助解应用题

有些数学应用题，我们可以使用“读题法”来解答。具体步骤如下：

第一遍：大声朗读题目

我们平时做题时可以大声朗读题目，这样注意力会更加集中，不容易读错或者读漏。但在考试时不能大声朗读，我们就可以集中注意力默读。

第二遍：小声细读思考

这一步我们要小声细读，仔细思考，找到题目考查的核心知识点。考试时可默读。

第三遍：默读解题

默读能让我们更加专注地思考解题方法，快速解答题目。

如果我们把题读了三遍还没找到解题思路，可以再默读几遍，这样更有助于我们思考。

第3章

攻克英语大难关

12 Day

养成学习英语的好习惯

英语课上，小峰总是走神，不能集中注意力。课下写作业时，小峰经常磨磨蹭蹭，还不愿意动脑筋。妈妈告诉小峰，这是因为他没有养成良好的学习习惯。

学习习惯是从小养成的，一个好的学习习惯不仅可以帮助我们取得好成绩，还能促进我们全面发展。那么，我们该如何养成良好的学习习惯呢？

第一，我们需要制订明确的学习计划，可以和爸爸妈妈一起拟订每天的学习时间表，安排好每天的英语学习时间，

确保每天在固定的时间学习英语。同时，还可以给自己制定

一个小目标，比如，每天学习 10 个新单词或每周背一篇英语范文，并在完成目标时给予奖励，激励自己坚持下去。

第二，我们要明白做作业是自己的事情，学习是自己的事情，只有自己独立完成作业，才能享受完成作业的成就感。

第三，上课积极回答老师的问题，减少走神的概率。当回答问题时，我们会更加专注于课堂内容，从而提高我们的专注度。

第四，坚持做笔记，它能够帮助我们整理和巩固所学的知识，也便于在后续的学习和复习中有效地回顾知识。因此，坚持做笔记不仅是学习的辅助手段，更是提升学习效果的关键步骤之一。

要养成良好的学习习惯，需要我们坚持不懈地努力和付出，让我们一起努力，真正享受学习带来的快乐。

高效学习法

培养做作业前温习的好习惯

写作业之前可以先温习当天所学的知识，这样知识会掌握得更加牢固。那么，我们温习时应该注意什么呢？

第一

我们写作业之前回顾一下当天所学的知识点。

第二

知识点回顾结束后，我们还要看一遍课本，看完之后，将课本上的知识点默写在纸上。

第三

将写下来的知识点和课本上的知识点对比一下，看有没有遗漏或者错误的地方，认真学习还没有掌握的知识点。

预习做到心中有数

小唐总是等到老师教了才开始学习。上课的时候，他跟不上老师讲课的节奏；想记笔记，却不知道记什么；老师提问，他也回答不上来。老师说这是小唐不预习的缘故。

预习是学习的首要步骤，也是最关键的一个环节。预习可以帮助我们提前熟悉新的课程内容，扫除课堂学习的知识障碍，提高听课水平以及学习效率。那么，如何才能有效地预习呢？

第一，在预习新课程的时候，我们可以先浏览一下将要学习的内容，如果实在没有时间，哪怕是“见一面”，也是非常有用的。这样一来，我们在学习的时候可以做到心中有数。

第二，浏览一遍单词，根据词汇

表的音标读一读单词，对于那些读不出来的和不认识的单词，可以做个记号。

第三，在预习的时候可将重难点记到笔记本上，课堂上，老师讲到我们不懂的知识点时，一定要认真听、认真思考。

高效学习法

温故知新预习法

温故知新预习法就是一种能兼顾新旧知识的预习方法，通常可以采取以下步骤。

第一 回顾已学内容。先回顾之前学过的相关知识，复习重点单词和语法。

第二 留意新知识与旧知识之间是否有关联。在学习过程中，新知识和旧知识之间是相互联系的，很多新知识都是旧知识的延伸。复习旧知识对我们预习新知识也是有帮助的。

13
Day

好听力都是听出来的

这天，英语老师布置了一项听力作业：听短文填空。小萍回到家里就开始做听力作业，她专心致志地聆听，却还是一头雾水。

听力可以检验我们对单词的掌握情况，便于判断自己对单词的熟悉程度。那么，如何提高英语听力呢？

第一，我们需要进行听读练习，可以选择一些自己感兴趣的内容进行训练。比如，英语原声动画、英语儿歌等。这些音视频中的英语发音较准确，我们也能在不同的语境下听到不同的英语单词，从而提高我们的英语听力水平。

第二，我们在听短文时，可以捕捉关键词。关键词通常与填空处的答案相关联，捕捉到关键词后，我们可以根据上下文来推测整个句子的意思。

第三，听力是需要长期练习的技能，平时要多读、多背、多写，这对我们提高听力是很有帮助的。

高效学习法

看电影学配音

看电影学配音是提高英语听力水平的一种有效方法。这种方法该如何操作呢？

第一：我们可以在爸爸妈妈或者老师的帮助下，选取难度适中的英文电影或动画片。

第二：在爸爸妈妈的指导下，将电影片段分解成几个小部分，反复观看每个片段。刚开始可以先将字幕打开，帮助我们理解对话的内容，等到我们熟悉对话内容之后，就可以为片段配音了。

英语要大胆说出来

小欢刚开始接触英语口语，不敢表达。每当老师让小欢回答问题时，小欢总是吞吞吐吐。

在英语课上，我们往往只听老师说，却不敢与他人交流。那么，如何让自己克服胆怯，大胆说英语呢？

第一，我们要培养对英语的兴趣。无论哪种语言，只要能够引起我们的兴趣，我们都会完全投入其中。我们可以利用英语歌曲、儿童故事书等来增加英语学习的趣味性。还可与其他同学一起学英语，通过互动和游戏的形式，让学习更加轻松有趣。

第二，要养成勇于表达的习惯。我们在说英语时，难免有一些担忧，害怕发音不准确或

者读错而被嘲笑。其实不必为此担忧，学习本身就是一个不断改正错误的过程，我们应该树立信心，勇敢地开口说英语，通过反复练习，逐渐掌握正确的发音。

第三，我们可以在爸爸妈妈的指导下，合理地使用录音机、语言学习机等辅助设备。这些辅助设备不但可以帮我们掌握正确的发音，还可以提升我们的表达能力，使我们的语言表达更加顺畅。

第四，我们还需要多背单词和优秀的英语文章，以便熟悉单词、加强口语、培养语感。

学习口语的方法有很多，每个人的学习方法都不一样，所以一定要找到适合自己的学习方法并付出努力，从而有效地提高英语口语水平。

多阅读，培养语感

这天，小东向爸爸请教英语阅读理解的学习方法。爸爸告诉小东：“平时多阅读，多积累单词，这对做好英语阅读理解题非常重要。”

无论是语文还是英语，阅读都是扩大词汇量的最佳方法。所谓语感，指的是比较直接、迅速地感悟语言文字的能力。培养良好的语感对于英语学习有重要的作用，能帮助我们更好地理解和运用英语，提高口语水平，培养阅读理解能力，为我们打下坚实的学习基础。那么，如何培养英语语感呢？

第一，我们可以营造一个适合自己的英语学习环境，听一些英语录音、英语广播或者看英语电影，认真聆听并模仿英语的发音。同时，也要注意词组和句式的用法，在听的过程中逐渐培养英语语感。

第二，我们要大胆地参加英语口语练习，不要怕犯错，不要过多执着于说的内容，一旦养成开口说的习惯，自然而然，我们的口语水平就会得到提高。

第三，我们可以阅读一些英文原版的绘本和短文等，通过阅读可以积累大量的语言素材，培养语感，有助于建立良好的语言习惯。

第四，我们可以通过写日记、写作文等方式培养写作能力，通过写作，我们可以更好地组织语言，培养自己的语感。

第五，我们还可以制订每天或每周的阅读计划，鼓励自己每天坚持利用一定的时间阅读，可以设立奖励机制，激励自己完成阅读任务。

高效学习法

精读和泛读

精读和泛读两种方法都可以提高阅读能力，对不同的阅读任务可以根据需要灵活使用这两种方法。

1 精读

精读是指对一篇文章或一段文字进行深入、细致的阅读。精读往往需要理解每一个句子，包括每个单词的词性、用法、搭配以及句子的语法结构等。精读的优点是可以深入理解文章的细节，有助于提高语言能力和阅读理解能力。

2 泛读

泛读是指快速浏览一篇文章，目的在于了解文章大意，获取主要信息。泛读需要把握文章的标题、副标题、开头和结尾等关键信息，抓住文章的主旨和要点。泛读有助于提高阅读速度和阅读效率，对于长篇文章非常有效。

掌握英语词性的秘诀

小明刚开始学英语就遇到了困难，他觉得英语单词都不止一个词性，还有很多含义，该怎么掌握英语词性呢？

英语中的词性问题的确有些复杂。但是，只要我们掌握正确的方法，那么掌握英语词性易如反掌，可以从以下几个方面着手。

第一，熟悉词性的特点。了解不同的词性及其特点是识别词性的基础。常见的词性包括名词、动词、形容词、副词、介词、连词、代词等。熟悉每种词性的定义和用法，才能掌握相关的词义和句法特点。

第二，观察词的形态变化。在英语中，许多单词会根

据不同的词性发生形态上的变化。例如，名词可以通过加后缀“-tion”变成形容词，动词可以通过在结尾加“-ing”变成形容词。通过观察词的形态变化，可以推测出它的词性。

第三，研究词的上下文关系。名词通常在句子中做主语、宾语或补语，形容词通常用于修饰名词，副词通常用于修饰动词或形容词等。我们可以通过单词在句子中出现的位置来判断它的词性。

第四，参考词典和语法书籍。如果遇到陌生的单词，可以通过查阅英语词典来了解它的词性，帮助我们理解和运用单词。

第五，研究单词的前缀和后缀可以帮助我们判断词性。例如，以“-able”结尾的词往往是形容词，以“-ly”结尾的词往往是副词。

高效学习法

分类法辨别词性

刚学英语的同学经常会分不清楚名词、动词、形容词等词性，我们可以利用分类法对单词进行归类，将词语按照词性分类，使其词性一目了然。同学们也可以仿照下面的表格，把不认识的单词分分类。

词性	名词	形容词	动词
示例	book desk bird school vehicle plant family fruit city coffee	beautiful tall sunny happy warm smart delicious calm fresh cute	learn work sleep eat run write swim sing tell drive

15 Day

英语语法要牢记

小英最近学习英语很用功，她花了很多时间做英语语法题，英语成绩却没怎么提升。妈妈告诉她，光靠做题来巩固英语语法是不行的，还需要记忆。

学习英语有两大基石：一个是词汇，一个就是语法。我们往往对英语语法的学习很头疼，不知从何下手。其实英语语法是从语言实践中总结出来的，对语法的学习需要大量的记忆，都需要记忆些什么呢？

第一，要想学好语法，必须熟练掌握课本讲解的基本句型，比如肯定句、否定句、疑问句等，这些句型的结构和用法是学习英语语法知识的基础。我们在学习基本句型时，可以做一些试题来练习。做题应该由浅入深，由简到繁，不要贪多求快。

第二，句子都是由单词组成的，单词的用法也是十分重要的。我们可以通过简单的句子去理解其中的单词属于什么词类，以帮助理解单词的用法。

第三，学习英语语法时，时态也是一个重要的方面。每个时态都有其特定的用法，英语中常见的时态包括一般现在时、现在进行时、一般过去时和一般将来时。掌握这四种时态的用法对于掌握英语语法非常重要。

高效学习法

用交际法提高语法水

语言是活的、有生命的，我们不能只在课堂上机械地学习语法，还需要勤加练习，在实际中运用。我们可以运用交际法，下课时，在老师的指导下，和同学一起组织一些英语活动，比如二人对话、小组活动、英语辩论等，营造英语交际的氛围，以提高学习英语的兴趣和积极性。

阅读理解有妙招

这天，月月对老师说出了做阅读理解题的困惑：做阅读理解题经常感觉短文读懂了，却无法选出正确的答案。老师告诉月月，这是因为没有掌握阅读理解题的解题方法和技巧。

很多时候我们也会像月月一样，面对阅读理解题不知所措，这是因为我们没有掌握阅读理解题的解题方法。一般而言，我们在做英语阅读理解题时可以采用以下方法。

第一，在开始阅读之前，我们可以快速浏览文章的标题和全文，以便大致了解文章的主旨和大意，这对我们从整体上把握文章很有帮助。

第二，我们在做阅读理解题时，可以将问题中的关键词标出来，然后带着关键词在文章中寻

找答案。

第三，一般而言，阅读理解的题目通常是按照顺序给出的，因此，我们可以按照先后顺序来寻找答案，这样做题效率会更高。然而会有一些特殊情况，比如题目被打乱了。对于这种情况，我们需要具体问题具体分析，灵活应对。

第四，做阅读理解题时，如果遇到拿不准的答案，先排除那些与文章不符或不合逻辑的选项，然后分析剩余选项与文章的关系，再做出选择。

第五，题目做完后，一定要认真检查，看看有没有理解不到位的地方。

高效学习法

英语阅读理解细节型题目的解题方法

英语阅读理解题一般分为细节型题目、中心思想型题目、推理判断型题目等，其中细节型题目占比较大。细节型题目主要考查对文章（或某一段落）中某特定事实信息的捕捉和理解能力，该题型包括直接细节理解题和间接细节理解题。接下来介绍细节型题目的解题方法。

第一，直接细节理解题可以在原文中直接找到答案，因此这类题通常由 who，what，when，where，why 和 how 等词引导，易于辨认。

第二，间接细节理解题不能在原文中直接找到答案，因此需要通过换用同义词或不同的表达句式等方式来获取信息，这就要求考生首先认真审题，弄清问题，采取“带着问题找答案”的方法，找到有关部分，以此为线索来寻找答案。

写好英语作文有窍门

小叶一提到英语作文就发蒙，他连中文作文都写不好，更别提英语作文了。爸爸告诉他："你之所以不会写英语作文，是因为没有掌握英语写作的方法。"

写好英语作文也有小窍门，我们可以尝试使用以下方法。

第一，在写作文之前，我们需要明确作文的主题，明确文章要采用的结构，再思考针对这个主题要写哪些方面的内容。

第二，明确作文主题后，接下来就是列提纲。首先，要把作文主题列在第一行中间。其次，在题目下面简要地写出这篇作文的主要内容及中心思想。有了提纲，可以提高我们写作的效率。

第三，在写作时，要充分利用已学的短语和优美的句子，并注意句与句、段与段之间的衔接和连贯性。

第四，检查修改是写好文章必不可少的一环。花两分钟检查一遍，看有没有语法、拼写、标点和大小写等方面的错误。作文笔迹一定要工整、规范，卷面要整洁，词与词之间要有 2~3 个字母的间隔。

高效学习法

随时随地记下灵感

随时随地记下灵感的方法很简单，只需要随身携带一个笔记本，将自己在日常生活中碰到的有趣事物、听到的动听音乐、看到的美丽景色等一一记下来。灵感总是转瞬即逝的，及时记录下来就可以成为我们写作的素材。

写出流畅的英语日记

下课前，老师宣布了一项作业：在周五之前交一篇英语日记，题材不限，可以尽情发挥。小刚暗自嘀咕："英语日记怎么写呢？用中文写日记都很难……"

小刚说出了我们的心声，用英语写日记确实不是一件容易的事，但也绝不是一件十分困难的事情。下面我们就一起来看看有哪些方法可以帮助我们写出一篇流畅的日记吧！

第一，写英语日记需要不断积累、练习。我们平时要多背单词和词组，增加词汇量，这样才能写出让人眼前一亮的日记。

第二，选择日常生活中的一个小片段作为写作题材。

例如，描述一次有趣的户外活动、介绍一部喜欢的电影或者记录难忘的一天等。通过描述这些真实的经历，我们可以清楚地表达自己的想法和感受。

第三，使用合适的词语和句型是写好英语日记的关键。我们可以运用课堂上学到的词语和句型，遇到自己不会的单词也可以通过查阅词典来补充。同时，写日记时要使用常用的连接词和过渡词，使得日记的内容更加连贯和流畅。

第四，多积累一些日记写作的经验也是很重要的。我们可以在空闲时间读一些英语日记的范文并背诵下来，也可以向其他同学借鉴写英语日记的方法。我们还要养成每天写英语日记的习惯，通过不断练习来提高自己的写作水平。

高效学习法

仿写法练习英语写作

仿写法是一种英语写作的方法，通过模仿优秀的文章来提高自己的写作水平。采用仿写法可以帮助我们学习优美的词语、句型和表达方式，同时也能锻炼我们组织语言的能力。仿写法的步骤如下。

第一：选择一篇优秀的英语日记或文章作为仿写的对象。

第二：仔细阅读范文，并分析它的结构和特点，以及使用了哪些词组和句型等。

第三：按照范文的结构进行仿写，不必完全相同，可以根据自己的实际情况进行适度修改和调整。

第四：写完以后要把自己写的文章与范文进行对比。在对比过程中，我们要注意原文的用词方式以及对一些关键词和过渡语句的处理。通过对比，我们可以发现其中的规律和特点，从而进一步提升写作水平。

第4章

应对考试有方法

树立正确的考试观

期中考试成绩出来了，小力考砸了，他心情不好，认为自己拖了全班的后腿，辜负了老师的期望。

我们作为学生会经常面对各种考试，有些同学可能会陷入焦虑、恐惧、迷茫等负面情绪中，甚至影响考试发挥。所以，我们要对考试有一个正确的认识。

第一，不以成绩论英雄。成绩只是反映学习状况的一个指标，不能代表一切。我们应该明白，考试只是对所学知识的检验，目的是查缺补漏；成绩只能证明前段时间学习的效果，并不能决定未来的发展。

第二，正确看待考试分数。优异的成绩可以让我们感到自豪，但并非每一次考试都能取得理想的结果。我们应该明白，失败是成功的一部分，与其关注排名和分数，还不如多关注个人的成长和进步。我们要从考试中认识到自身的不足，并鼓励自己不断进步。

第三，以平常心看待考试。在考试前，我们可能会感到有些紧张，这是正常的心理反应。然而，越是面对重要的考试，就越需要保持良好的心态。无论是小考还是大考，都是一次心态的较量。如果能以平常心面对考试，就更容易发挥出较高的水平。

总之，不要把考试结果看得太重，考试只是一种评估方式，它并不能完全反映我们的能力和价值。无论考试结果如何，我们都应该珍惜自己的努力和付出，并继续努力前行。

只要树立正确的考试观，合理安排复习计划，掌握科学有效的学习方法，保持积极的心态，就能更好地应对考试并取得好成绩。

高效学习法

自我反省法

无论考试成绩是令人满意还是不尽如人意，我们都要从中吸取有益的经验，并反省自己在学习上的不足。自我反省是认识自己的重要方式之一，只有通过反省不断地认识自己的缺点，并不断改进，才能够有更大的收获。我们可以从以下几个方面进行自我反省。

1. 我对这次考试状态满意吗？
2. 我喜欢现在的自己吗？
3. 今天我的情绪怎么样？
4. 这次考试我学到了什么？
5. 今天我最大的感悟是什么？
6. 明天我的规划是什么？

消除考前焦虑情绪

小颖最近非常努力地备考，可她仍然很紧张。到了考试那一天，小颖坐在考场上心想：要是考不好怎么办？考不好老师会不会批评我呢？

我们在考试前感到焦虑的情况，常被称为考试怯场。表现为焦虑不安，大脑变空白，不知道该怎么办，答题的时候手足无措，难以集中精力，甚至影响到我们正常的发挥。过度的焦虑可能会给我们带来心理压力和负面情绪，甚至影响我们的心理健康。要想消除焦虑情绪，我们可以从以下几个方面入手。

第一，面对焦虑要勇于接受。在考试前出现焦虑的情绪是非常正常的，如果没有一点紧张感反而不正常。我们应接受这种情绪，努力投入复习之中，尽量不要去想令我们焦虑的事。

第二，适当地进行自我调整。如果我们出现了焦虑情绪，要学会自我调节，可以通过散步、听音乐、与他人谈心等方式转移注意力，调整和控制情绪，从而减轻焦虑。

高效学习法

自我暗示法

自我暗示法是一种心理技巧，就是运用积极、肯定的语言来增强自己的信心。例如，“我能够成功”“我有能力克服困难”“这次要干得漂亮”等。然而，自我暗示并非单凭口头说出即可产生作用，它需要与实际行动相结合。

减轻压力，轻装上阵

“距离考试没几天了，我该怎么复习呢？况且我还有许多没有掌握的知识，压力使我快喘不过气了，谁来救救我呀？”华华一个人嘀咕道。

考试前，我们都会感到压力。压力的来源有很多，比如，制定过高的目标、考试内容掌握得不够牢固、爸爸妈妈过高的期望、担心自己无法在竞争中脱颖而出。另外，一些外部因素，如考试环境、考场氛围等，也会给我们带来压力。那么，该如何缓解压力呢？

第一，制定合理的目标。过高的目标只会增加考试的压力。我们应该使目标具体而明确，把大目标分解为小目标，逐步实现。这样不仅能更好地管理时间，完成学习任务，还能够提升自信心。

第二，充分备考。复习期间我们要做到充分、完备，不论是课堂笔记、课本上的例题还是试卷，都应该认真复习。通过合理规划时间，每天坚持积累，进而增强对考试的信心。

第三，正确看待竞争。学习上的竞争是普遍存在的，它可以激发我们的学习动力，提高我们的积极性和主动性，促使同学之间形成良好的学习氛围。我们应正确看待这种竞争，用积极的心态迎接竞争。

第四，利用外部因素缓解压力。在考试前，我们可以选择一个舒适、安静的地方进行复习，减少干扰，提高效率。同时，我们可以通过参加模拟考试来适应考试环境和考场氛围，增加自己的信心。

高效学习法

解压小妙招

缓解压力的方法有很多，下面给大家介绍两种简单好用的方法，大家一起来试试吧！

1 适度运动是个好方法

我们可以选择散步、踢足球、游泳等运动。切记，不要过度运动哟！否则可能会导致身体透支，起到相反的效果。

2 益智游戏是个不错的选择

我们可以尝试拼图、成语接龙、找不同等游戏。这些游戏不会消耗太多体力，随时都可以进行。尤其是成语接龙、猜谜语和脑筋急转弯等小游戏，坚持玩还能激发思维，提高解题能力呢！

分科复习，把握重点

在考试复习期间，小杰总是手忙脚乱的，不知道该如何复习。看到其他同学复习数学，他也跟着复习数学；看到人家背单词，他也跟着背。结果复习了半天，小杰都不知道在复习什么。

我们有时也会像小杰一样，复习时手足无措，不知道从何下手。考试前各科该怎么复习呢？

语文。语文重在平时的积累。一方面要多积累好词好句、名人名言、名人典故等，将一些好的素材整理到摘抄本上，平时经常翻看，考试前也浏览一下加深记忆，以便在考场上想出好的文章素材；另一方面就是认真学习知识点，对各类字词该读的读、该背的背，需要积累的东西一定要背下来。还有一些重点的古诗，要做到能熟练默写。

数学。复习阶段可以做一些简单的题或者看课本上的例题，千万不要搞题海战术，这样只会增加压力。书上的数学公式一定要记牢，考试中一定会用到。我们还要正确对待错题本，加强对以往错题的研究，找准错误的原因，从而对症下药，使犯过的错误不再重犯。

英语。考试前我们要背一两篇范文，也可以背一些通用的句子，主要用在英语作文上。平时还要背单词，丰富词汇量。还要注重一些单词的用法，如“that”“this”“some”“any”以及单数变复数等，对于这些单词要进行总结并牢记。

以上是一些常用的复习方法，具体实施时还要根据个人情况来进行调整。重要的是坚持复习计划，合理安排时间，多加练习和总结，我们一定可以取得优异的成绩。

高效学习法

学习高效期

生理学家研究发现，大脑在一天中有四个时间段最为清醒，这也是学习的高效期，如果合理利用，可以轻松自如地掌握、消化和巩固知识。

1 清晨起床之时

清晨起床之时是人一天中头脑最清醒的时刻，适合用来学习一些难记忆但必须记忆的知识，比如英语单词、数学公式、古诗等。

2 上午 8 点到 10 点

上午 8 点到 10 点是人精力最充沛的时候，适合完成需要集中注意力的学习任务。可以安排一些需要深入理解和记忆的学习任务、进行有效的思维训练、解决难题或者进行专注力培养的练习。

3 下午 6 点到 8 点

下午 6 点到 8 点是用脑的最佳时刻，可以回顾当天学习的内容，做一些练习题或者整理笔记。

4 入睡前半小时

在入睡前的一段时间，身心放松，这段时间适合回顾当天所学的知识。睡前复习强度不宜过高，不能影响睡眠。

重视笔记，复习事半功倍

萍萍平时没有整理笔记的习惯，她的笔记很乱，有时翻开笔记找知识点，半天都找不到。

俗话说：“好记性不如烂笔头。”这句话说明了笔记的重要性。我们在复习的过程中，复习笔记是非常重要的一步。笔记不仅可以帮助我们回顾已学内容，还能够帮助我们加深对知识的理解。记笔记只是复习的一种手段，真正的目的是巩固知识。因此，做完笔记并不等于完成任务，还要花时间来整理、补充和回顾笔记内容。只有经过这些步骤，才能取得更好的效果。那么，如何才能高效地整理笔记呢？

第一，要有条理地整理笔记。笔记的整理不仅仅是简单地抄写或摘录内容，更要注重逻辑。可以根据不同学科，对知识点进行分组，并在每个分组中添加关键概念、例题、解析等内容。这样可以使整理出的笔记更具有层次感，有助于后续的复习和记忆。

第二，要及时补充和更新笔记。在复习的过程中，可能会发现笔记中存在一些遗漏或错误，我们要及时进行补充和修正。另外，新总结和思考出来的知识点也要及时添加到笔记中，最好在知识点旁写下这个知识点出现在课本多少页，当我们再次翻看笔记时就会清晰明了。

第三，突出重点知识。在整理笔记时，可以使用不同颜色的笔来标注和突出重点知识，这样可以更快地找到重点内容，提高复习效率。

第四，要结合其他复习方式进行综合复习。虽然整理笔记是一种重要的复习方法，但并不是唯一的。在整理完笔记后，还应做习题进行巩固，进一步加深对知识的理解和记忆。

高效学习法

记笔记的方法

有些同学记笔记存在脏、乱、差的问题，这是因为没有掌握记笔记的方法。有了好方法，才能写出干净整洁的笔记，才能使我们的复习更有效果。下面介绍三种记笔记的方法。

1 分页笔记法

在笔记本页面中间画一条线，分成左右两栏。左边一栏记录较大的知识点，右边一栏记录次一级的知识点。复习时可以看着左边的知识点，回忆右边的内容。

2 思维导图笔记法

该方法是用绘制的方式记录笔记，而不是采用线性文字的形式。在纸的中央写本章的主题，围绕主题写下相关的知识点，再由中心主题扩散分支，画出导图的枝干并填上分支主题的内容，以及子主题的内容，这样思维导图笔记就完成了。

3 康奈尔笔记法

康奈尔笔记法是把一页纸分成三部分：左边四分之一的空间为线索栏，用来归纳右边的内容，写一些提纲。下方五分之一左右的空间为总结栏，总结这页记录的内容。右上最大的空间为草稿栏，就是我们平时记笔记的地方。

考前认真过一遍例题

念念每天放学后都会做大量的课外习题，她觉得做课外题可以使她更好地掌握课本上的知识。一段时间的努力后，她的成绩却不如做题少的同学。老师告诉她："你忽略了课本例题的作用。"

数学考试中的题目都是以课本为基础的，所以在平时做题时，一定要将课本上的例题弄明白。在把例题做熟练的基础上，再进行课外习题的训练，如此才能达到事半功倍的效果，做题也会很轻松。在考试之前，我们应把课本上的例题再做一遍，具体方法如下。

第一，认真阅读课本。我们在做例题之前，需要认真阅读课本上的内容，巩固每个概念的含义，了解每个定理或公式的推导过程。

第二，熟练掌握例题。在做例题的同时，我们要深入理解解题思路和每个步骤。当我们将所有的例题做熟练之后，再做其他的题目就会有一种似曾相识的感觉，思路和方法都会很清晰，这就是例题的作用。

高效学习法

专攻弱项法

考试复习期间时间紧迫，我们没有时间复习课本上所有的例题，做例题要有目的性，应该专攻自己的弱项，这样解题能力才能提升。怎样针对自己的弱势科目下功夫呢？

第一

对待弱势科目我们要有信心，平时要重视基础知识的积累。比如，语文科目中的词语、成语、古诗词等都是考试必考的内容。

第二

做完一套题后，必须进行总结，从中发现问题。

沉着应对“记忆堵塞”

小奇平时学得挺认真，复习得也很全面，可一上考场就蒙，大脑一片空白，有时候甚至会卡在第一道题上。

有时我们会在考试中遇到“记忆堵塞”，不必过于担心，不妨尝试下面几种方法。

第一，保持镇定。当发生“记忆堵塞”时，我们可以闭上眼睛，深呼吸几次，放松身体，这样有助于平复情绪，提高思维的清晰度。

第二，利用试卷中的其他题目。知识与知识之间是有关联的，如果某个知识点或者问题实在想不起来，不要纠结于此，可以先跳过，后面的试题也许会给你提供一些线索或启发。

高效学习法

联想法

如果我们在考试过程中发生了“记忆堵塞”的现象，千万不要慌乱，一定要保持冷静。我们可以通过回忆老师讲课时的情景来帮助自己记忆，搜寻与所忘知识有关的线索，并迅速写在草稿纸上。主要从以下几个方面展开联想：

1. 以前是否做过类似的题目，我当时是如何解答的呢？

2. 题干给出的条件或者图形是否似曾相识？在哪些试题中见过呢？

3. 题中给出的条件之间是否有联系？

4. 与这个问题有关的知识点有哪些呢？

规范答题，考试不丢分

小刚的语文试卷字迹潦草，龙飞凤舞，很难辨认，以至于阅卷老师根本看不出小刚所写的内容到底是什么。

如果我们的试卷像小刚一样字迹潦草，是不可能拿到高分的。阅卷老师看不清、看不懂，就等于没有回答或者答错。因此，写字龙飞凤舞的同学，考试前一定要重视这个问题。如何才能做到规范答题呢？

第一，字迹清楚、卷面整洁。我们在答题时一定要清晰地书写，这样阅卷老师就能看懂写的是什么，不至于误解我们的意思。同时，保持卷面整洁、格式正确也十分重要，给阅卷老师以美的感受，从而获得良好的“第一印象”，让阅卷老师以愉悦的心情批改我们的试卷。

第二，答案简明扼要。考试中，我们在做大题时，不要认为写得越多越好。阅卷老师是根据观点（得分点）来评分的，我们只要做到简明扼要，将所有得分点都写全即可。

高效学习法

背诵参考答案法

很多时候，我们会做的题不一定能全部做对，答对的题也不一定能得满分。其中一个重要原因是答题不规范，答案表述得不够清楚。所以，我们可以通过背诵参考答案来改善这个问题。特别是在语文学习中，对于一些常见题型，我们可以适当背诵参考答案，理解其中的思路和表达方式，并在答题时模仿，提高自己答题的规范性。

考场上要学会打草稿

亮亮觉得“打草稿”三个字说起来很简单，但是做起来很困难。每次考试，亮亮的草稿纸要么乱成一团，要么涂涂画画。

在考试的时候，监考老师会分发试卷、答题卡和草稿纸。草稿纸也是试卷的一部分，所以我们必须有效利用。很多同学都忽略了草稿纸的作用，甚至一些同学和亮亮一样，把草稿纸写得一团糟，这在很大程度上和我们的学习习惯有关。打草稿可以让我们形成良好的书写、演算习惯，可以帮助我们提高写作能力，培养逻辑思维能力。如何养成打草稿的习惯呢？

第一，重视草稿纸。许多同学认为打草稿是浪费时间的行为，没有必要，这是错误的想法。当你正在计算时，如果不使用草稿纸，很容易忘记计算的步骤，导致计算错误。我们在计算时打草稿，能有效保证计算过程和结果的正确性，尤其是解答应用题等需要多步计算的题型，打草稿就更重要了。所以我们要认识到草稿纸的重要性。

第二，从日常点滴抓起。学习习惯不是一蹴而就的，所以必须从日常学习的点滴抓起。在上课前，我们要把草稿纸、课本、作业本一起拿出来，使它成为课前准备的必需品。通过这样反复督促，慢慢养成好习惯。

第三，学会正确打草稿。为了保持草稿纸的整洁及确保书写规范，我们应按照从左至右、从上至下的顺序书写。在草稿纸上，应注意书写清晰、规范，特别是易出错的数字和符号等。在草稿纸上标注序号，这样在验算和检查时会非常便利。

高效学习法

划分区域法

草稿纸作为试卷的一部分，如何高效利用它呢？下面给大家介绍一种打草稿的方法——划分区域法。

1 分草稿

折叠草稿纸，将草稿纸分成9个区域，展开有明显折痕就可以。

2 标题号

在每个区域内标好题号，这样可以一目了然，也方便自己查找。

3 按顺序打草稿

有的学生在打草稿时喜欢挑空白的地方，以至于各个区域都有草稿，这是错误的做法。正确的做法是按照顺序打草稿，我们在写计算题的时候，一定要写清步骤，这样检查时才能看清楚。

学会科学地检查试卷

期末考试时，小天只用了40多分钟就做完了题，他答完试卷后，开始做各种小动作，期待着自己能得高分。但试卷发下来后，小天的成绩很不理想。

小天因为没有认真检查试卷，在考试时栽了一个大跟头。在考试的过程中，做题很重要，检查试卷同样重要。检查试卷就像是打扫战场，每次考试都不应该忽视。那么，检查试卷应该注意哪些方面呢？

第一，试卷发下去后，有些同学将注意力都集中在试题上，然后就忘了填写自己的名字和学号。检查的第一个重点就是名字和学号，还要检查答题卡上是否有漏涂、错涂的

地方，填涂的信息是否清晰，卷面是否整洁。

第二，要检查一遍试卷，看试卷的反面有无遗漏的题目。还要检查自己是否按要求答题了，例如，有些题目要求做标记，如圈出关键词、勾画出重点等。检查一下是否按照要求进行了标记，以免丢分。

第三，检查时要分清先后顺序，先处理那些自己遗漏或者暂时跳过的题目，即使真的不会做，也不要空着，可以选择一个答案先填在那里。然后按照题目的顺序逐一检查，检查解题的思路和方法是否正确，检查是否写了单位，检查计算的结果是否正确，检查填空题有无错别字，检查英语单词拼写是否正确。检查英语作文时还要注意时态等问题。

检查试卷是为了纠正错误和补充遗漏，我们需要保持冷静和仔细的态度，不可草率。

高效学习法

实用的检查方法

很多同学做完试题后都不认真检查试卷，不是“发呆”，就是“开小差”，有的甚至还在草稿纸上画画。今天给大家介绍几种简单且实用的检查方法。

垫板检查法

考试时带一块白色的垫板，做完题检查时，用垫板遮盖试卷，逐行往下推移。露出一行，看一行。这样检查的效果最好。

逐步检查法

从审题开始，一步一步地检查，发现问题立即纠正。这种方法往往不能发现解题思路上的根本性错误，但可以检查出计算和表达上的一些错误。

结果代入法

在数学考试中，我们可以将结果代入公式，看看是否能得出原题所给的已知量。

我的 21 天学习体验

经过这 21 天的学习，你一定有不少收获吧！把自己的学习体验在下面写一写，看看自己有哪些收获、哪些不足吧！

我的收获

我的不足